LES AVENTURES DE CAMRON

LA NAISSANCE D'ADAMUS

TEXTE ET DESSINS: **LOUIS PILON**
COULEUR: **SUZANNE TRUDEL**

ÉDITEURS
LES ÉDITIONS JCL INC.
930, rue Jacques-Cartier Est,
CHICOUTIMI (QC), Can.
G7H 2B1
Tél.: (418) 696-0536

TEXTE ET DESSINS
LOUIS PILON

COULEUR
SUZANNE TRUDEL

DISTRIBUTEUR
QUÉBEC-LIVRES
4435, boul. des Grandes Prairies,
MONTRÉAL, (QC), Can.
H1R 3N4
Tél.: 1-800-361-3946

TOUS DROITS RÉSERVÉS
©LES ÉDITIONS JCL INC.
Ottawa, 1987

DÉPOTS LÉGAUX
3e trimestre 1987
Bibliothèque nationale du Québec
Bibliothèque nationale du Canada

ISBN
2-920176-47-1

À tous ceux qui ont collaboré
de près ou de loin,
MERCI!

Le campus d'un collège, quelque part dans une grande ville...

COLLÈGE CENTRAL

BAH! JE NE SERAI PAS LE PREMIER À QUITTER LES ÉTUDES!

SANS CE PRÊT ÉTUDIANT, JE NE TERMINE PAS CETTE SESSION!

FAUDRA ME TROUVER UN EMPLOI!

HUM ! TRÈS INTÉRESSANT !

BEEP ! BEEP !

TIENS, TIENS ! UNE OFFRE D'EMPLOI !

ALLONS VOIR !

BONJOUR !

BONJOUR ! QUE PUIS-JE FAIRE POUR VOUS ?

HÉ, HÉ, HÉ !

HI, HI, HI !

QUE VOULEZ-VOUS JEUNE HOMME ?

C'EST POUR L'EMPLOI M'SIEUR !

MA FILLE T'A-T-ELLE EXPLIQUÉ L'OUVRAGE EN QUESTION ?

VOTRE FILLE ?

BEN OUI, MA FILLE !

NON, M'SIEUR, ELLE NE M'A RIEN EXPLIQUÉ.

SAIS-TU TE SERVIR D'UNE BICYCLETTE ?

OUI, OUI !

BON, ALORS JE T'ENGAGE IMMÉDIATEMENT !

C'EST QUE...

POW!

... VOUS NE VOUS ÊTES PAS PRÉSENTÉS !

GEORGES GEMALOSOS, PROPRIÉTAIRE ET PRINCIPAL ACTIONNAIRE

CAMRON

CAMRON QUI ?

CAMRON TOUT COURT !

CAMRON TOUCOUR ?

NON, JUSTE CAMRON M'SIEUR !

EH BIEN ! DRÔLE DE BONHOMME !

VOICI L'ADRESSE D'UNE DE MES CLIENTES. DÉPÊCHE-TOI, ELLE ATTEND !

DITES DONC PRALINA, Y A-T-IL TOUJOURS AUTANT DE BOULOT?

GÉNÉRALEMENT LE MAGASIN EST BEAU-COUP PLUS OCCUPÉ! CE FÛT UNE JOURNÉE TRANQUILLE AUJOUR-D'HUI!

QU'EST-IL ARRIVÉ AU LIVREUR AVANT MOI?

TU SAIS, CAMRON, TON PRÉDÉCESSEUR ÉTAIT BON LIVREUR...

...MAIS IL ÉTAIT TROP BON AVEC MA FILLE!

VOUS COMPRENEZ CAMRON?!

BIEN ENTENDU!

MA FILLE DOIT FRÉQUENTER DES JEUNES GENS BIEN ET QUI ONT DE L'AVENIR!

COMPRIS?

COMPRIS.

ET DIRE QUE JE ME SUIS RETROUVÉ CHEZ GEMALOSOS À CAUSE DE SA FILLE!

AU MOINS J'AI DU TRAVAIL, C'EST DÉJÀ CELA!

LE LENDEMAIN, UNE
JOURNÉE COMPLÈTE
L'ATTEND. SES TÂCHES
SONT MULTIPLES:
RANGER LE STOCK,
MARQUER LES PRIX,
LIVRER LES COMMAN-
DES, ETC.

TOUJOURS SOUS L'OEIL AUTORITAIRE DU PATRON

MAIS TANT BIEN QUE MAL CAMRON SE DÉBROUILLE!

QUAND, UN JOUR, VERS LA FIN DE
L'APRÈS-MIDI...

CAMRON!

JE VIENS DE RECEVOIR
UN APPEL M'ANNONÇANT LA
VISITE D'UN INSPECTEUR
MUNICIPAL...

OUI
M'SIEUR!

UN INSPECTEUR?

OUI, UN INSPECTEUR DE
LA SALUBRITÉ PUBLIQUE.
IL VIENT DEMAIN, VÉRIFIER
LE MAGASIN!

AH
BON!

TU ES MON MEILLEUR EMPLOYÉ,
N'EST-CE PAS CAMRON? JE TE RENDS
RESPONSABLE DU NETTOYAGE DE L'ÉPI-
CERIE ET DE L'ARRIÈRE-MAGASIN!

QUI
MOI?

MAIS
QUAND?

CE SOIR!

CE SOIR! MAIS IL Y A DU TRAVAIL POUR UNE SEMAINE À TROIS!

PROTESTE TANT QUE TU VEUX, SI TU REFUSES, JE TE METS À LA PORTE!

TRÈS BIEN, JE VAIS ESSAYER!

J'AI PRÉPARÉ UNE PETITE LISTE DE CHOSES À FAIRE!

QUOI! DÉRATISER L'ARRIÈRE-MAGASIN!?

EH OUI! MA FILLE S'EN EST PLAINTE À QUELQUES REPRISES.

J'COMPRENDS DONC! C'EST INFESTÉ!

SI DEMAIN IL RESTE UN SEUL RAT DANS MON ÉTABLISSEMENT, JE TE RENVOIE; NON PAR IN- COMPÉTENCE, MAIS PARCE QUE L'INSPECTEUR AURA FERMÉ MON ENTREPRISE

CAMRON SE MET AU TRAVAIL

À LA FIN DE LA SOIRÉE EN NETTOYANT L'ARRIÈRE-MAGASIN

MAINTENANT J'ATTENDS !

CLONK !

QUEL EST CE BRUIT ?

TIENS, UNE BOUTEILLE D'EAU GAZEUSE EST TOMBÉE DE LA TABLETTE.!?

? SPLATCH !

JE SAIS QU'ILS SONT LÀ ; SEULEMENT ILS ÉVITENT MES PIÈGES !

BELLEU, BELEU, BELLEU !!

ATTENDS VOIR, VERMINE !

CLIK !

CONNAIS-TU L'HISTOIRE DU LION ?

VOYONS, CE N'EST PAS POSSIBLE!

CONNAIS-TU L'HISTOIRE DU LION ?

NON !

EH BIEN ! MOI NON PLUS !

AS-TU DÉJÀ ENTENDU UN RAT PARLER ?

NON ! COMMENT EST-CE POSSIBLE ?

JE NE TE LE DIRAI QUE SI TU ME LAISSES LA VIE SAUVE !

J'VEUX BIEN, MAIS DEMAIN MATIN UN INSPECTEUR DOIT VENIR, ALORS SOYEZ **TRÈS** DISCRETS !

PAS DE PROBLÈMES NOUS SERONS INVISIBLES !

TRÈS BIEN ! MAINTENANT JE DOIS TOUT REMETTRE EN ORDRE !

COMME TU M'AS LAISSÉ LA VIE SAUVE, JE VAIS TOUT NETTOYER AVEC L'AIDE DE MES AMIS !

FAIS-NOUS CONFIANCE !

MÊME SI GEMALOSOS ME MET À LA PORTE, QUELLE MINE D'OR CES RATS PARLANTS !

LE LENDEMAIN MATIN...

BONJOUR, GEMALOSOS, TU ES AU COURANT DU BUT DE MA VISITE !

MAIS, BIEN SÛR, CHER AMI !

ESPÉRONS QU'IL N'Y AURA PAS DE RATS CETTE FOIS-CI !

DES RATS ? ALLONS DONC !

APRÈS QUELQUES INSTANTS...

CAMRON !

$\frac{x-y}{y^2-x} = ?$

TRÈS BEAU TRAVAIL, JEUNE HOMME, JAMAIS JE N'AI VU TANT DE PROPRETÉ ! **MAGNIFIQUE !**

C'EST MON BRAS DROIT VOUS SAVEZ !

J'AI FAIT DU BON BOULOT ! DONC JE GARDE MON EMPLOI ?!

OUI, MAIS NE T'ATTENDS PAS À UNE PROMOTION, AU TRAVAIL **FAINÉANT !**

LE MATIN SUIVANT...

CAMRON! APPORTE D'AUTRES BOÎTES VIDES !

?

ÇA NE TE DÉRANGERAIT PAS DE ME DÉPOSER PAR TERRE ?

QU'EST-CE QUE ?!...

JE SUIS À L'INTÉRIEUR DE LA BOÎTE !

?!

DÉPOSE-LA PAR TERRE, VITE !

VOUS AVEZ ÉTÉ FORMIDABLES L'AUTRE JOUR !

OUI, OUI JE SAIS !

TU ME REMERCIERAS PLUS TARD, NOUS N'AVONS PAS TELLEMENT DE TEMPS. C'EST TOI, HIER, QUI A DÉCLENCHÉ L'ALARME ?

C'EST MOI !

REVIENS NOUS VOIR TRÈS TARD CE SOIR, PAR LA MÊME ENTRÉE

MAIS !?

QUE FAIS-TU À TERRE ?

OH, OH !

EUH... RIEN, RIEN !

ALORS METS-TOI AU TRAVAIL, PAPA ATTENDS !

TARD CE SOIR-LÀ...

C'EST L'HEURE!

RÉUSSI!

MERDE!

BING! BONG! ...CLANG! BANG! BOOM! CLING!

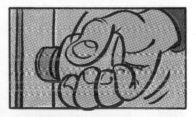

NOUS NOUS SOMMES DONNÉ BEAUCOUP DE MAL POUR NEUTRALISER LE DISPOSITIF DE SÉCURITÉ

EST-CE QUE JE PEUX ALLUMER ?

NOOON!

TU AS ASSEZ ATTIRÉ L'ATTENTION COMME ÇA. TU TROUVERAS DEVANT TOI UNE CHANDELLE ET DES ALLUMETTES, C'EST PLUS DISCRET!

D'ACCORD!

DÉPOSE LA CHANDELLE DEVANT TOI ET ÉCOUTE ATTENTIVEMENT.

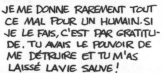

JE ME DONNE RAREMENT TOUT CE MAL POUR UN HUMAIN. SI JE LE FAIS, C'EST PAR GRATITUDE. TU AVAIS LE POUVOIR DE ME DÉTRUIRE ET TU M'AS LAISSÉ LA VIE SAUVE!

JE NE MENTIONNERAI PAS LES MOTIFS QUI T'ON POUSSÉ À LE FAIRE, CAR JE CROIS QUE NOUS POURRIONS AVOIR DES SURPRISES!

BEN VOYONS!

N'EST-CE PAS!?

DONC C'EST POUR RÉCOMPENSER CET ACTE "HUMANITAIRE" QUE CETTE NUIT NOUS ALLONS TE DIVULGUER LA SOURCE DE NOS CONNAISSANCES!

ÉCOUTE-MOI BIEN L'HUMAIN CAR JE NE RÉPÉTERAI PAS

NOTRE FACULTÉ D'ÉLOCUTION EST SURVENUE QUAND NOUS SOMMES ARRIVÉS ICI, DANS CET ARRIÈRE-MAGASIN, IL Y A TRÈS LONGTEMPS. NOUS NE SAVONS TOUJOURS PAS COMMENT, NI POURQUOI, MAIS C'EST COMME ÇA! CE QUI CRÉE NOTRE DON COMMUN SE TROUVE QUELQUE PART DANS CET IMMEUBLE ... NOTRE CONNAISSANCE NE VIENT PAS RÉELLEMENT DE NOUS.

M'AIDEREZ-VOUS À COMPRENDRE ?

NON!

POURQUOI?

C'EST À TOI DE TROUVER! CETTE NUIT, MES AMIS ET MOI T'AVONS AMPLEMENT REPAYÉ NOTRE DETTE!

MAIS NE VOUDRIEZ-VOUS PAS CONNAÎTRE, VOUS AUSSI, CETTE SOURCE DE DONS PARTICULIERS?

NOUS LA CONNAISSONS DÉJÀ CETTE SOURCE! MAIS NOUS REFUSONS DE T'AIDER

?

C'EST TOUT! RETOURNES CHEZ TOI

JE DOIS TROUVER LA SOURCE DE CE PHÉNOMÈNE, SI JE VEUX EN PROFITER UN JOUR! MAIS COMMENT?

LE LENDEMAIN SOIR...

LES RATS N'ONT TOUJOURS PAS REMIS LE DISPOSITIF!

ESPÉRONS QUE GEMALOSOS NE S'APERCEVRA DE RIEN!

PSST! C'EST MOI SORTEZ VOYONS!

MAIS ALLONS, SORTEZ DONC!

RIEN!

POUR COMMENCER, FAUDRAIT TROUVER UNE PELLE, SI JE VEUX CREUSER AUTOUR DE CETTE BÂTISSE

IL Y A SÛREMENT... UNE PELLE...

...QUELQUE PART!

OÙ SE TROUVE CETTE PELLE?

COMMENT VOULEZ-VOUS QUE JE TROUVE LA CLÉ DE VOS DONS, QUAND JE NE PEUX MÊME PAS TROUVER UNE PELLE?

C'EST TRÈS SIMPLE!

C'EST TOI MON AMI?

QUAND TU AURAS TROUVÉ LA PELLE, TU AURAS TROUVÉ UNE PARTIE DE LA SOLUTION!

QUE VEUX-TU DIRE?

IL TE RESTE PEU DE TEMPS POUR Y RÉFLÉCHIR!

CIEL! IL EST SI TARD?

TU ME PARAIS ÉTIRÉ CE MATIN CAMRON!

EN EFFET, J'AI PASSÉ UNE MAUVAISE NUIT!

LE SOIR VENU, IL RETOURNE ENCORE UNE FOIS À LA RECHERCHE DE CETTE FAMEUSE SOLUTION. IL CHERCHE TOUTE LA NUIT, SANS SUCCÈS.

APRÈS QUELQUES JOURS...

C'EST FINI! J'ABANDONNE CETTE HISTOIRE STUPIDE.

EH CAMRON! VA CHERCHER LA PELLE; UN GROS TOUTOU A LAISSÉ UN "CADEAU" JUSTE DEVANT L'ENTRÉE!

MAIS AU FAIT, OÙ EST CETTE PELLE?

ELLE EST DANS LA REMISE AU FOND DE L'ARRIÈRE-MAGASIN!

TU ES CERTAINE?

OUI J'TE DIS, ET GROUILLE-TOI UN PEU!

O.K.! O.K.!

ÇA N'A AUCUN SENS, J'AI DÉJÀ FOUILLÉ ICI!

MAIS... COMMENT SE PEUT-IL? C'EST INCROYABLE!

TIENS, TIENS, IL Y A UNE TRAPPE AU PLANCHER! ELLE N'Y ÉTAIT PAS AUPARAVANT.

CAMRON!

J'ARRIVE M'SIEUR!

SUR LE CHEMIN DU RETOUR IL OUBLIE SA FATIGUE.

J'AI L'IMPRESSION QUE LA CHANCE SERA AVEC MOI CE SOIR!

MA MAIN EST ATTIRÉE VERS CE BLOC! CE QUE JE CHERCHE DOIT SE TROUVER ICI!

JE DOIS ARRIVER À DÉGAGER CETTE PIERRE!

QUELQUE TEMPS APRÈS...

ÇA DEVRAIT ALLER!

OH, QU'ELLE EST LOURDE!

JAMAIS JE N'Y ARRIVERAI COMME ÇA!

IL N'Y A RIEN DERRIÈRE CE MUR. DONC LA CLÉ SE TROUVE DANS CE BLOC!

UNE CORDE! J'AI BESOIN D'UNE CORDE!

LA LONGUE ASCENSION DÉBUTE.

S'AGIT DE NE PAS L'ÉCHAPPER!

QUE C'EST LOURD!

SNAP!

BOOM!

QU'EST-CE QUE J'AI LÀ-DEDANS?

C'EST BIEN CE QUE JE CRAIGNAIS!

LA PIERRE EST EN MORCEAUX! AUSSI BIEN TOUT JETER!

BWOW!

UN DIAMANT!

QUELLE MAGNIFIQUE COULEUR!

MIEUX VAUT DÉGUERPIR!

LE LENDEMAIN MATIN...

AVEC UN SI GROS DIAMANT, QUE VAIS-JE FAIRE?

JE POURRAIS TOUJOURS PREN-DRE UN COFFRET À LA BANQUE!

NON, J'ÉVEIL-LERAIS TROP DE SOUPÇONS!

JE LE GAR-DERAI SUR MOI!

COMMENT VAIS-JE M'Y PRENDRE?

ET SI JE COLLAIS LA PIERRE À MON VENTRE?

HEUREUSEMENT QUE J'AI DU RUBAN SUPER COLLANT!

LES SÉRIES POLICIÈRES, C'EST FAMEUX POUR LES IDÉES!

UN CHANDAIL AMPLE ET LE TOUR EST JOUÉ!

TON PÈRE EST APHONE !

QUOI ?

ÉCOUTE !

PAPA, DIS QUELQUE CHOSE !

"......."

SI SEULEMENT IL POUVAIT SE REMETTRE À PARLER !

...PPPPRALINA !

PAPA ! J'AI EU PEUR !

SA PAROLE EST REVENUE AUSSI VITE QU'ELLE EST PARTIE. SERAIT-CE À CAUSE DE MOI ? ESSAYONS QUELQUE CHOSE.

ÇA VA PATRON ?

OUI, ÇA VA MIEUX

J'PEUX VOUS DEMANDER QUELQUE CHOSE ?

?

CAMRON, PAPA N'EST PAS BIEN !

JE VEUX UNE AUGMENTATION DE SALAIRE !

CE N'EST PAS LE MOMENT, VOYONS ! D'AILLEURS PAPA N'ACCEPTERA JAMAIS !

N'EST-CE PAS ?

C'EST QUE...

POURQUOI PAS !

DÉPOSONS LE DIAMANT DANS L'ÉTUI ET VERROUILLONS LE CADENAS!

IL NE RESTE PLUS QU'À PORTER LA CEINTURE!

PRENONS PAS DE RISQUE, JE VAIS MÊME LA GARDER POUR DORMIR!

LE LENDEMAIN

B'JOUR PRALINA!

?

AH TE VOILÀ TOI! DÉPÊCHES-TOI DE METTRE TON TABLIER ET DE LAVER LE PLANCHER AVANT L'OUVERTURE!

MAIS PATRON JE L'AI FAIT HIER!

TRÈS BIEN...

...REFAIS-LE AUJOUR-D'HUI!!!

MON DIAMANT MAGIQUE, VITE UN SOUHAIT!

PATRON JE "SOUHAI-TERAIS" VOUS VOIR PLUS GENTIL AVEC MOI!

PLUS GENTIL?

COMPTES-TOI CHANCEUX DE TRAVAILLER, MON **GARÇON!**

ET JE NE VEUX PLUS RIEN ENTENDRE!

LA PIERRE N'A PAS FONCTIONNÉ, POURQUOI?

BAM!

ELLE N'EST PLUS LÀ!?

DU CALME CAMRON, DU CALME.

CLICK

CE N'EST PAS POSSIBLE!?

C'EST MON DIAMANT QU'ELLE A DANS SON PANIER!

VOLEUSE! VOUS M'AVEZ VOLÉ M'A PIERRE!

?

AU S'COURS!

MON DIAMANT! MON DIAMANT!

LAISSEZ MON PANIER!

MON DIAMANT! MON DIAMANT!

CAMRON QUE FAIS-TU?

WEST SIDE ↓

WEST SIDE

176-8430

VIVE LA CLAUSTROPHOBIE

MA PIERRE... ICI?!

CETTE FOIS JE DOIS M'EN EMPARER!

EXCUSEZ-MOI!

POUSSE!

PARDON!

? ? ATTENDEZ!

JEUNE HOMME!?

LA PIERRE N'EST PLUS LÀ?

TRÈS PEU APRÈS...

ESPÈCES DE CINGLÉS!

LAISSEZ-MOI!

VOUS NE COMPRENEZ RIEN!

AU SECOURS!

REGARDE!

QUE S'EST-IL PASSÉ?

LA PIERRE!?

ENCORE DISPARUE!

OWOOWO ?

JE CROIS QUE JE FERAIS MIEUX DE PARTIR D'ICI!

QUELLE NUIT! J'AI MAL PARTOUT!

LE DIAMANT!?

SI SEULEMENT TU POUVAIS PARLER!

JE SAIS PARLER!

QUOI?

TU PARLES AUSSI? DIS-MOI ALORS, OÙ SOMMES-NOUS?? POURQUOI?

EXPLORE UN PEU ÇA T'AIDERA À COMPRENDRE CERTAINES CHOSES!

HMMMM...

QUE FAIS-TU?

NE ME LAISSE PAS ICI!

DE LÀ-HAUT, J'AURAI UN BON POINT DE VUE!

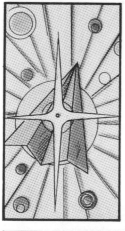

C'EST INCROYABLE!

MRRFF... GRMPFF!

CETTE SATANÉE PIERRE M'AURAIT-ELLE ENCORE JOUÉ UN TOUR?

ELLE EST LÀ!?

MAIS?

ADAMUS!

AH AH ARRH!

?!

HOOO

OOOWAA

CETTE PIERRE LÀ-BAS, C'EST TOI N'EST-CE PAS?

QUEL EST CE BRUIT?

QUEL BRUIT?

AYAAAWAYAWAA YAWAA YAWA

AYAAWAAYAWAYAAAYAWA

OOCHRR!

BAGO, BAGO!
TAKA GOA!

HÉ!
JE SUIS
EN BAS!

VITE!
VITE!

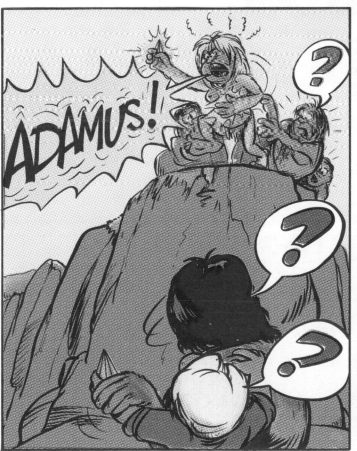

47

COUREZ VITE
CHERCHER LE PROCHAIN
ALBUM DE CAMRON

LA
PRÉCIEUSE
BASE!

OUR COMMANDER DIRECTEMENT:

Les éditions JCL inc. 930, Jacques-Cartier est, LOCAL D-314, Chicoutimi, (QC), G7H 2B1